Robert Dallas

My Houses in Provence

Mes Maisons en Provence

Published by Bayeux Arts, Inc.
Calgary, Canada

ISBN 1-896209-90-4

Photographs:
Bent Rej
Alain Sauvan

Collaboration:
Dane McDowell
David Worthy

Stylist: Jacqueline Morabito
Design: Finn Bjerre
Repro: From & Co.

Printed in Canada, 2003

Contents / *Sommaire*

Introduction

In 1966 my life was to change when, having embarked on a career in the City of London, I was invited to the South of France. Here I was to discover the provençal style of building, of which the simplicity corresponded so closely to my own ideals, that I decided that it was in this radically different field that I wished to work.

It was the beginning of a lifelong fascination with, and study of, the vernacular architecture of the region, from the tightly packed alleys of the villages to cottages, farms and manors, and of an endeavour to evolve a style which would fuse the best of the old traditions with new technology and the demands of modern life.

After some thirty-five years of working with ideas that have evolved in no particular order, intermittently, and sometimes subconsciously, the time has come to set them down in a book in the sequence in which they are implemented, and to explain and illustrate them. As this book has progressed I have discovered that the expression of one's ideas in a different medium – words in my case rather than timber and stone – may be laborious, but that the end result is both enlightening and productive. I leave readers to judge the results for themselves.

I would like to thank the many clients who have kindly permitted me to photograph their houses.

Après m'être destiné à une carrière financière à la Cité de Londres, ma vie a changé en 1966 quand j'ai fait un voyage dans le Sud de la France. J'ai découvert l'architecture provençale et je me suis aperçu que sa simplicité correspondait parfaitement à mon mode de vie idéal. J'ai décidé que c'était dans ce domaine radicalement différent que j'allais travailler.

Cette date marque le début d'une fascination qui ne m'a plus quitté. Avec l'étude de l'architecture spécifique à la région, depuis les ruelles des villages aux mas, fermes et bastides, j'ai élaboré un style qui tente d'allier le meilleur des traditions anciennes à la nouvelle technologie et aux exigences de la vie moderne.

Après trente-cinq ans d'un travail étayé par des concepts qui ont évolué sans ordre apparent, d'une façon intermittente et parfois inconsciente, le temps est venu d'écrire un livre qui suit les différentes facettes de la construction en les commentant et en les illustrant. Au fur et à mesure de cette démarche, j'ai découvert qu'exprimer ses idées dans un mode différent, dans mon cas avec des mots au lieu de bois et de pierres, pouvait être laborieux, mais qu'à la fin, c'était productif et édifiant. Je laisse aux lecteurs le soin de juger par eux-mêmes.

Je tiens à remercier mes nombreux clients qui m'ont généreusement donné l'autorisation de photographier leur maison.

Basic concepts
Bases de conception

A building cut into the living rock
Encastrement d'une maison dans la roche

Siting and integration
Implantation et intégration

Each site has its own individual features – in particular access, size, shape, incline, outlook, exposure to sun and wind, trees, old agricultural terraces, neighbouring buildings and noise. All of these present opportunities as well as problems, and have to be balanced in the design of a house, often with a degree of compromise.
In my opinion, the successful handling of the excavation and landscaping is ***the*** most important factor in making the best of the site and indeed the whole project.

Chaque terrain possède ses propres caractéristiques qui présentent des avantages et des problèmes. Il faut savoir faire des compromis. Je considère que la réussite de la mise en forme du terrain est ***le*** facteur essentiel pour intégrer au mieux les constructions avec le site.

Above: integration of house and rock
Centre: a house built against an ancient locust tree
Below: siting with rock and cypress trees

En haut: intégration de la même maison avec le rocher
Au milieu: une maison s'appuie contre un vieux caroubier
En bas: une maison située entre rochers et cyprès

Following the lie of the land
Opposite: a house built into the hillside

Une propriété épouse la pente du terrain
Ci-contre: une maison nichée dans la colline

Siting and integration of the house on page 10/11
Un exemple d'intégration de la maison à la page 10/11

First impression
Premières impressions

You have only one chance to make a first impression. The approach is all-important. The ambiance of a property can often be sensed from some distance. The closer you approach, the more the character should be revealed and your interest stimulated.
The traditional provençal farm often had a courtyard – a feature that I am very fond of using for creating the first impression (see also page 8/9).

C'est la première impression qui compte. L'esprit d'une propriété se ressent avant même de franchir le portail. Son caractère se découvre au fur et à mesure que l'on avance.
Traditionnelle dans les fermes de Provence, la cour centrale est à mon avis un élément essentiel pour créer d'emblée une première impression (voir également à la page 8/9).

Entrance courtyard
La cour d'honneur

Next page: entrance leading to a courtyard
Page suivante: allée pavée.

A more spacious drive
Allée spacieuse

Left: gateway opening onto a gravel drive through an olive grove
Above: ancient terraces beside an entrance drive
Right: frontages onto courtyards

A gauche: portail s'ouvrant sur un chemin bordé d'oliviers
Ci-dessus: restanques romaines longeant un chemin d'accès
A droite: façades donnant sur une cour d'entrée

Above left: access down to a house built into the hillside
Below left: turning into a courtyard

A gauche en haut: chemin descendant vers une maison nichée dans la colline
A gauche en bas: entrée d'une cour

The surprise
La surprise

If suspense is maintained by screening, the greater is the pleasure of entering, and discovering an open interior, leading on to the garden and to a view beyond.

Créez le suspense en dissimulant l'intérieur de la propriété.
Le but recherché est d'augmenter le plaisir en découvrant un intérieur spacieux, un jardin et une vue.
L'élément de surprise joue un rôle capital.

Left: a weathered door conceals a continuous perspective from hall to living room and garden beyond.
A house and garden screened.

Ci-contre: une porte patinée par le temps cache une enfilade de salons qui s'ouvrent sur un jardin.
Une maison et un jardin restent à l'abri des regards.

The surprise
La surprise

The open plan
Volumes

With modern building and heating techniques, life in the small traditional sitting room can give way to the freedom of open plan, which can bring spaciousness, and avoid clutter, even in limited areas. I try to apply this to both new construction and to conversion work.

Avec les techniques modernes de construction et de chauffage, les petits salons traditionnels cèdent la place à un espace libre, moins cloisonné. J'essaie d'appliquer ce concept aussi bien à des constrution nouvelles qu'à des rénovations ou des volumes restreints.

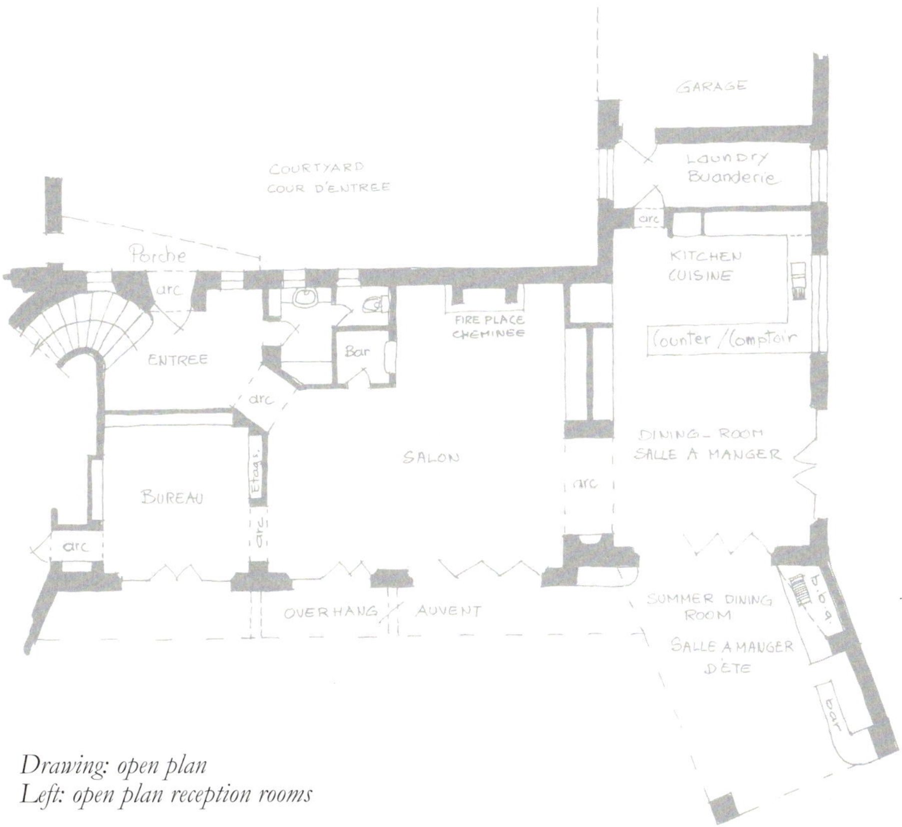

Drawing: open plan
Left: open plan reception rooms

Dessin: volumes
A gauche: enfilade de pièces

A succession of reception rooms open to the garden
Enfilade de pièces reliées au jardin

View from a front door
Vue depuis la porte d'entrée

A dining room opening onto the garden
Salle-à-manger ouverte sur le jardin

Space
Espaces

A feeling of space is precious in these crowded days.
Space is often restricted by regulations, and invariably costs money.
I believe that it should be used economically, but never appear to be cramped.
For example, a generous entrance courtyard could well initiate a sense of spaciousness, even at the cost of some garden space.

Souvent restreint par les règlements et le coût, l'espace est précieux. J'estime qu'il faut être attentif à son utilisation. Par exemple, une cour d'entrée généreuse peut accentuer l'impression d'espace, même s'il faut pour cela sacrifier une partie du jardin.

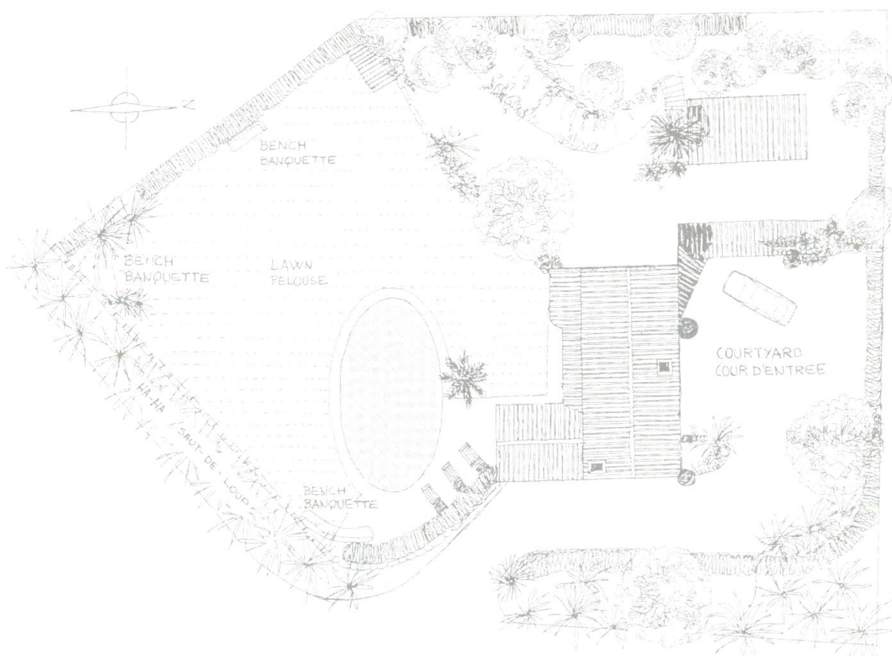

Drawing: my way of using space at front and back on a small site
Left: use of space at front and back on a small site

Dessin: ma façon d'utiliser l'espace, côté sud et côté nord, sur un petit terrain.
A gauche: utilisation de l'espace, côté sud et côté nord, sur un petit terrain.

A succession of reception rooms open to the garden
Enfilade de pièces reliées au jardin

Indoors/outdoors
Intérieur/extérieur

I try to make house and garden flow into one another, without any noticeable separation or change of level. I prefer the use of wide, folding french windows, which allow the floor finish to carry through onto the terrace. This should be no deeper than necessary, so that the garden, with its cooling effect, may run up close to the house. This relationship between indoors and outdoors plays a major role in my work.

A mon avis, maison et jardin doivent fusionner et se compléter sans différence de niveau. Personnellement, je préfère l'utilisation de larges portes-fenêtres qui permet le prolongement du sol intérieur jusqu'à la terrasse sans séparation ni dénivellement. Je limite la terrasse afin de rapprocher le jardin, avec sa fraîcheur, de l'habitation. Cette relation d'échange entre l'intérieur et l'extérieur joue un rôle fondamental dans mes ouvrages.

View through a summer dining room into a house in the evening
Vue à travers une salle à manger d'été le soir

Indoors/outdoors
Intérieur/extérieur

A garden bedroom
Inside and outside after dark
Right: unobstructed view through a living room

Chambre ouverte sur un jardin
Intérieur et extérieur la nuit
A droite: vue à travers un salon

1995
1995

The garden invites L'attrait du jardin

Seats and sitting areas invite you across the garden. In the climate of our region, I like the garden to become an integrated part of the living area.

Des banquettes et des recoins vous invitent à vous asseoir dans le jardin. Grâce au climat de la Provence, j'aime transformer le jardin en salon de plein air.

Evening drinks
Seats across a garden
Next page: the draw of a garden

L'apéritif
Bancs dans un jardin
Page suivante: l'attrait d'un jardin

A summer dining room
Une salle à manger d'été

Lawns and levels
Pelouses et niveaux

With improvements in water supplies and sprinkler systems, the lawn, which is not a traditional feature of the provençal garden, has become easier to create and to maintain.
I find that a lawn brings space, coolness and calm, and invites you to cross it to the attractions beyond.

Je trouve qu'une pelouse apporte espace, fraîcheur et calme et vous invite à la traverser. Avec les améliorations récentes de l'alimentation en eau et des systèmes d'arrosage, la pelouse, qui ne s'inscrit pas traditionnellement dans le jardin provençal, est devenue plus facile à créer et à entretenir.

Above left: a sweeping lawn
Below left: continuity of level
Grass (and the author)

A gauche en haut: pelouse en pente
A gauche en bas: pelouse et maison au même niveau
Gazon (et l'auteur)

House and lawn
Maison et pelouse

House and lawn
Maison et pelouse

Framing the view
Cadrer la vue

I think that a view is always more eye-catching and spectacular if it is framed.
Paths and lawns provide a natural base for the frame, and trees and shrubs the sides. Above, perhaps the eaves of an overhanging roof, or a vine trellis.
You may have to make choices and sacrifices in framing a view, and sometimes restrict its extent in order to give it emphasis.

Je pense qu'une vue est toujours plus captivante si elle est cadrée. Ainsi, la pelouse fournit la base du cadre et arbres et arbustes représentent les côtés. Les génoises d'un auvent, une treille complètent le cadre. Même si vous devez faire des sacrifices, n'hésitez pas à limiter la vue pour en accentuer l'effet.

Village framed
Village encadré

Framed garden view (created with my friends Jean Mus and Collett Zarzycki)
Vue cadrée d'un jardin (créé avec mes amis Jean Mus et Collett Zarzycki)

Above and right: frames of stone
Ci-dessus et à droite: encadrements de pierres

The wind
Le vent

The prevailing wind in the south of France is easterly, but the notorious westerly wind, the Mistral, frequently sweeps fiercely down the Rhone valley and across Provence.
Less well known and less troublesome is the morning breeze, which blows from the land to the sea, and its counterpart the afternoon sea breeze. Dusk can bring the chilly hill breeze, which runs down the slopes, and is responsible for many a shivering evening outside.
The effects of all these can be countered in orientation and layout, and with protective walls, hedges and shrubs.

Le vent dominant en Provence vient de l'est et le fameux vent d'ouest, le Mistral, descend furieusement la vallée du Rhône en traversant la Provence. Plus douce, la brise matinale souffle de la terre vers la mer, et son équivalent, la brise de l'après-midi souffle vers la terre. Au coucher du soleil, un vent froid descend des collines et peut gâcher les soirées en plein air. Des écrans, comme des murs, des haies et des arbustes offrent une bonne protection.

A wind break
Une haie coupe-vent

The summer zenith
Le zénith d'été

The sun
Le soleil

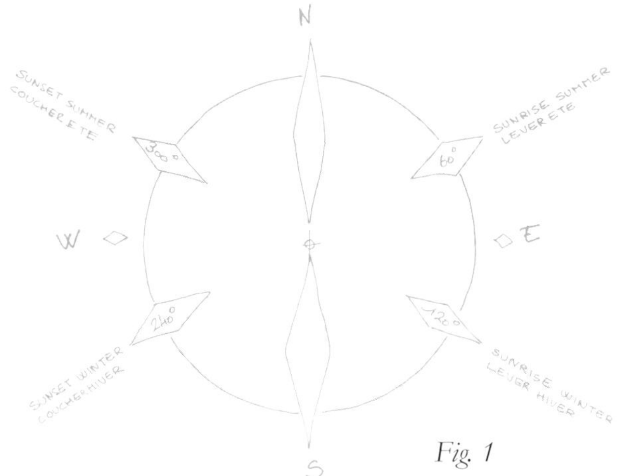

Fig. 1

Orientation is a prime factor to consider in laying out a house. The sun should be exploited to the full from dawn to dusk. Careful consideration should be given to the points of sunrise and sunset, which are respectively close to north-east and north-west in summer, and to south-east and south-west in winter (fig. 1). Surprisingly, reception areas are usually best placed on the east (I mean east) side, to take advantage of the afternoon and evening sun. An outside sitting area at the extreme south-east will catch the last of the evening sun (fig. 2). Large areas of paved terracing absorb sunlight, and create undesirable heat, which can flow into and through the house. They should therefore be restricted in depth, and lawn and shrubs, which impart coolness, should be brought in close to the house.
Provence lies between latitude 43 and 44, where the bearing of summer sunrise is 60°, and sunset 300°. Winter sunrise is at 120° and sunset 240°.

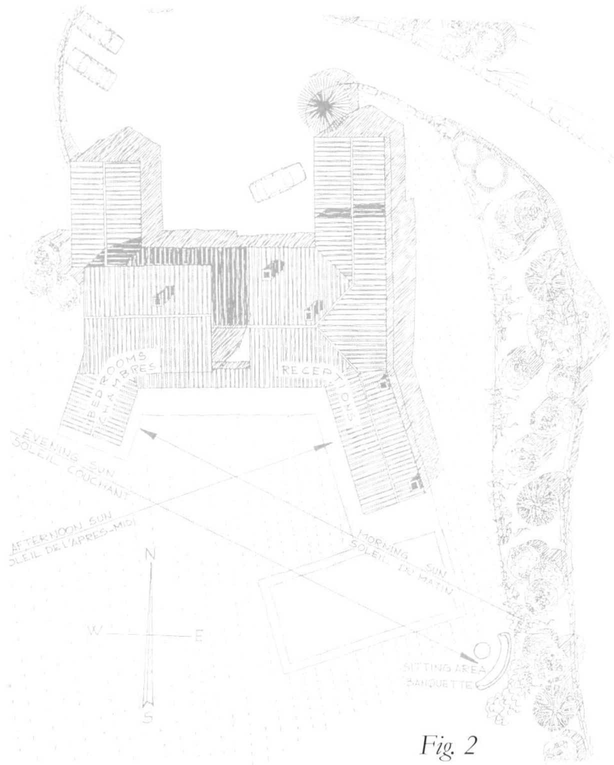

Fig. 2

L'orientation est essentielle. L'ensoleillement doit être exploité à toutes les heures de la journée. En Provence, il faut considérer les levers et couchers du soleil qui ont lieu près du nord-est et nord-ouest en été et près du sud-est et sud-ouest en hiver (fig. 1). Curieusement, afin de profiter de l'ensoleillement, les pièces de réception sont souvent mieux placées à l'est (il s'agit bien de l'est). Une banquette peut être installée à l'extrême sud-est du jardin pour jouir des derniers rayons du soleil (fig. 2). Les terrasses dallées absorbent la chaleur qui gagne la maison. Ces surfaces doivent se limiter au profit des pelouses et arbustes qui, plantés plus près de la maison, apportent leur fraîcheur.
La latitude de la Provence se trouve entre le 43ème et le 44ème parallèles.
En été, le lever du soleil se situe à 60° et le coucher à 300°. En hiver, le lever se situe à 120°, le coucher à 240°.

Compass rose of sunrises and sunsets (fig. 1)
Illustration of orientation in relation to the sun (fig. 2)

Cadran des levers et couchers de soleil (fig. 1)
Illustration de l'orientation par rapport au soleil (fig. 2)

The overhanging roof
Auvents

I like the overhanging roof.
As well as reducing the visual impact of large windows, the overhang of the eaves of a roof has other important functions.
It is self-supporting and eliminates the need for obstructive pillars.
Built to the correct dimensions, it will allow the winter sun, with its zenith of only 23°, into the house, while keeping the summer sun, at 70°, outside, thus acting as an awning and providing some shade for the terrace.
It also enables windows to be left open during rain (and cushions to be quickly saved from a soaking).

Pour ma part, j'aime les auvents.
L'auvent réduit l'impact visuel des grandes baies qui peuvent nuire à la façade. Les encorbellements peuvent éviter l'encombrement des piliers.
Construit aux bonnes dimensions, l'auvent permet au soleil d'hiver, avec un zénith de seulement 23°, d'entrer dans la maison alors qu'en été, il laisse le soleil d'été, à 70°, à l'extérieur, agissant ainsi comme un store. Il permet également de laisser les fenêtres ouvertes quand il pleut et de protéger les coussins d'une brusque averse.

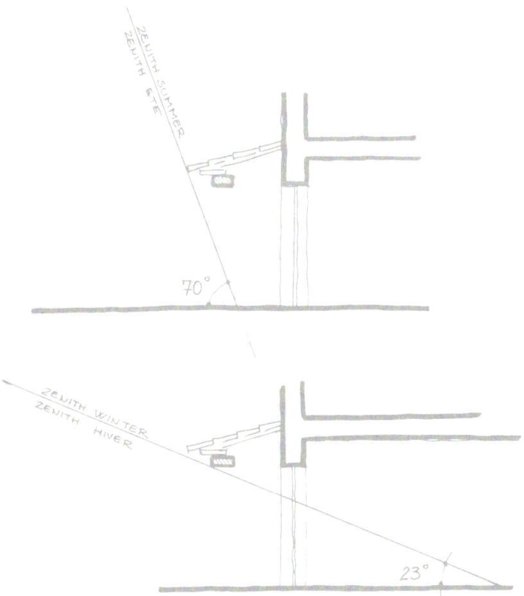

Illustration of the zenith of the sun in summer and winter
Illustration du zénith du soleil en été et en hiver

Windows
Fenêtres

Initially, I encountered difficulties in reconciling the open style that I had developed with the provençal tradition of small windows. The solution that I found was a compromise – purpose-made, full height, folding windows, with panes of classical proportion, which are set below overhanging roofs.

J'ai eu des difficultés, au départ, à concilier mon style ouvert avec les petites fenêtres traditionnelles de Provence. La solution que j'ai trouvée est un bon compromis – l'utilisation de vantaux de portes-fenêtres à petits carreaux de proportions classiques. De fabrication artisanale, sans seuil, abrités sous un auvent, les vantaux s'ouvrent en accordéon.

Folding french window
Porte-fenêtre accordéon

Materials
Matières

All the traditional building materials that give a house in Provence its distinctive textures can still be found and recovered locally. Weathered stone, old timber beams, antique roof and floor tiles are stocked by many architectural salvage companies, or obtainable from other local sources. Originally set in lime mortar, they are readily cleaned for re-use. The old limewash colours with which they were often painted are similarly easy to remove, but are sometimes retained for their interesting effect.
Consistency of materials, and the continuity which this brings, is a characteristic of the local style, and creates an impression of greater space. For example – the same floor finish throughout the house and running out onto the terrace, or shelving and fitted furniture in plaster to match the wall finish.
In restoration work, care has to be taken that the new harmonises with the old, and does not appear merely as an afterthought. All components must be used truthfully – a beam should state that it is supporting the structure above, and a roof tile that it is keeping out the rain.

Mes maisons sont bâties avec des matériaux authentiques où chaque pierre, chaque tuile, chaque poutre évoque les traditions et le savoir-faire d'autrefois.
On peut encore récupérer dans la région tous les matériaux d'origine qui donnent leur texture aux maisons de Provence. Dans les entrepôts des marchands de matériaux, ou grâce à d'autres sources locales, je trouve des pierres patinées, des tuiles anciennes, de vieilles poutres en pin, et des carreaux en terre cuite, qui étaient montés à l'origine avec du mortier à la chaux. Ces matériaux se nettoient aisément. Ils sont souvent recouverts de peinture à la chaux qu'on peut enlever facilement, mais il est intéressant de laisser quelques traces de couleur.
En limitant le nombre et la nature des différents matériaux, vous retrouverez la simplicité et vous créerez une impression d'espace.
Dans le cas de travaux de rénovation, il faut veiller à ce que l'utilisation de ces vieux matériaux paraisse authentique et crédible: les poutres soutiennent apparemment le plafond et les tuiles protégent visiblement le toit de la pluie.

Touch
L'envie de toucher

I am convinced that the hand and eye are drawn to where other hands and eyes have rested before.
Some surfaces and objects exercise this attraction more than others, especially those with a worn surface – door handles, handrails, paintwork, wood; and those with texture – antique terra cotta, rough woven material and old furniture.
These effects are particularly characteristic of Provence.

Je suis persuadé que la main et le regard sont attirés par les traces que les anciens ont laissées. Certaines matières sont plus attrayantes que d'autres. Ce sont des élements usés (tels que poignées, mains courantes, peinture et bois usés etc) et des objets avec une certaine texture (comme la terre cuite et les vieux meubles etc). Ces effets se retrouvent souvent en Provence.

Left: worn Surfaces
A gauche: surfaces patinées

An entrance porch
Un porche d'entrée

Old stone
La pierre

From prehistoric times stones have been reused and reused again – they were never thrown away. I enjoy carrying on this tradition. The simple shaping done so long ago remains preserved to this day with patina acquired by centuries of weathering.
Whether or not they hold some ancient magnetism, I believe that they convey well-being.

On ne jetait jamais les pierres. Employées et réemployées, les pierres qui étaient taillées depuis la préhistoire ont acquis une patine qui ne peut pas être reproduite sur des pierres de carrière. Qu'elles portent ou non une quelconque forme de magnétisme, je crois qu'elles procurent un sentiment de bien-être.

Above right: a round tower
Right: unpointed stone
Below: an entrance

A droite en haut: ane tour ronde
A droite: pierres sans joint
En bas: une entrée

Different ways of using stone
Left: created with Jean Mus
and Collett Zarzycki

Différentes façons d'utiliser la pierre
A gauche: créé avec Jean Mus
et Collett Zarzycki

Lime mortar
Mortier à la chaux

In traditional construction, walls were rendered and stonework pointed (*beurrée*) with honey-coloured lime mortars made with local sand. These mortars are warmer and softer than modern cement-based finishes – they yield rather than crack, and with age they acquire an attractive faded patina.

Old stone walls with homogeneous lime mortar pointing
Right: old stones with"buttered" lime mortar

Dans les constructions anciennes, les murs étaient enduits et la pierre jointoyée (*beurrée*) avec du mortier à la chaux de couleur miel fabriqué avec le sable du pays. Plus chaud et plus doux que les finitions au mortier moderne, il s'assouplit au lieu de se fissurer et avec le temps, prend une patine intéressante.

Vieilles pierres avec joints homogènes
A droite: vieilles pierres "beurrées" au mortier à la chaux

Old stones with "buttered" lime mortar
Vieilles pierres "beurrées" au mortier à la chaux

Roofs
Toits

The deeply channeled roof tile is ideally suited to the climate of the Mediterranean, where it has been used since Roman times.
Set at the correct pitch of 27%, it will stay firmly in place under its own weight, throw off the heaviest of downpours, and dry out sufficiently to deter moss and other vegetation. I prefer plain roof lines and the simplest of the many traditional eaves patterns.
The manufacture of these tiles was a farmyard industry. Made from local clay, moulded onto templates (or, as sometimes maintained, womens' thighs) and smoothed by hand, they often bear the fingermarks of those who made them. They were then dried in the sun, and baked in simple, wood-fired kilns.
I enjoy using these tiles in exactly the same way that they have been used for centuries.

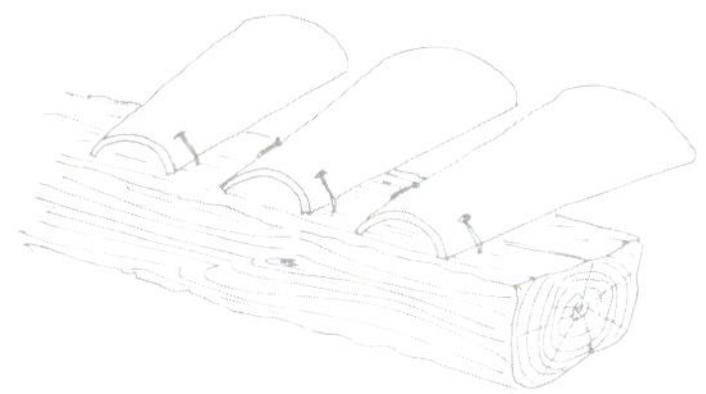

La tuile ronde ou "canal", aux multiples tons de rose et d'ocre, est utilisée depuis l'époque romaine car elle convient au climat méditerranéen. Avec ses canaux profonds, elle peut supporter des pluies diluviennes et s'assèche suffisamment pour décourager la propagation de mousses et autres végétaux. Elle est assez lourde pour se maintenir en place avec une pente traditionnelle de 27%, suffisante pour prévenir les glissements et les fuites.
La fabrication était encore très artisanale aux dix-huitième et dix-neuvième siècles et il est fascinant de voir les traces des doigts de ceux qui les ont formées il y a si longtemps. On raconte que c'était les femmes qui les moulaient sur leurs cuisses. Ensuite, les tuiles étaient séchées au soleil et cuites dans un simple four à bois.
Je prends plaisir à les réutiliser, avec de vieux chevrons sur des toitures longues et sobres. Les génoises sont montées à l'ancienne avec peu de mortier pour qu'elles conservent leur légèreté et leur simplicité.

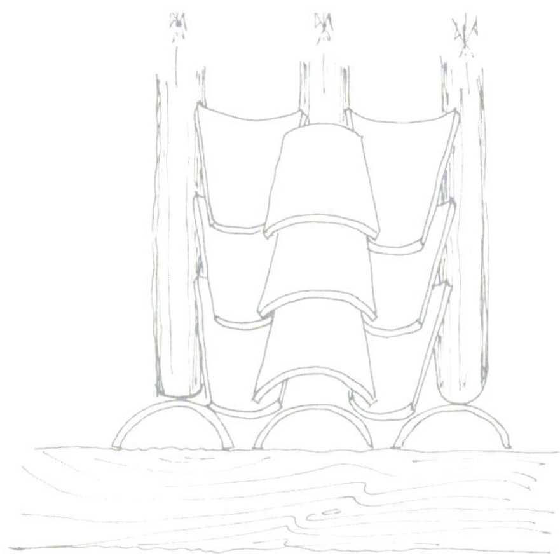

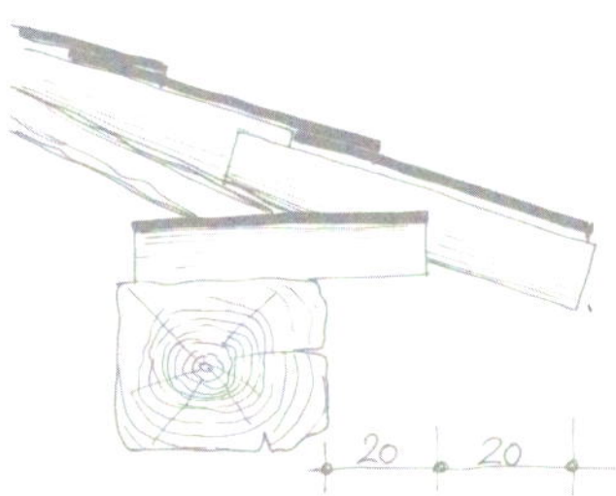

Illustrations of assembly of roof tiles and eaves
Illustrations du montage de tuiles et de génoises

Old beams
Poutres

The old woodsmen only felled a tree during the waxing of the moon, in the belief that this would ensure the best resistance to woodworm attack.
The trunks were shaped with the adze by the lumbermen, who often carved their personal mark on the finished beams with a gouge.
It is said that the beams were then seasoned by immersion in water for five years. These great timbers may be as long as 14 metres, and up to 250 years old.
The simplest and most common method of support between the main beams, for both floor and roof tiles, was thick, rough-hewn close boarding (photograph below). Joists were also used as a support for floor tiles.
Old timbers are often found well preserved by the plaster that covered them. They were never colour-stained, although they were sometimes darkened by the effect of wood smoke. More often, they were washed with quick-lime to control woodworm – a finish which I am very fond of emulating.

Pour augmenter la résistance aux insectes, les anciens forestiers coupaient les arbres uniquement durant la phase de croissance de la lune. Les troncs étaient taillés à l'erminette (hâche plate) par les bûcherons, qui inscrivaient parfois leur identité avec une gouge. On dit que les poutres étaient avinées dans l'eau pendant cinq ans. Les plus grandes avaient jusqu'à 14 mètres de long et 150 à 250 ans d'âge. Je les récupère et m'en sers le plus souvent possible. Marquées par le temps, elles paraissent soutenir la maison et contribuent à l'effet de solidité. Jamais teintées, elles étaient à la longue noircies par la fumée. Badigeonnées à la chaux, elles produisent une impression de légèreté, un effet que j'aime bien utiliser.

Old beams cut out with the adze and gouged for identification

Vieilles poutres taillées à l'erminette et marquées à la gouge

Old beams
Vieilles poutres

Old floor tiles
Terres cuites

These rectangular tiles, or *feuillets*, were originally used in ceiling construction rather than in floors. They were set to span between the rafters as a support for the floor above and a finish for the ceiling below, and were frequently painted (photograph below).
Like the roof tiles, they were manufactured in the farmyard, and often carry the footprints of straying animals as well as the marks of the craftsman's fingers.
I use them for floors and terraces, grouted with smooth white lime and finished with modern resins for protection and ease of maintenance.

A l'origine, ces carreaux en terre cuite ou *feuillets* étaient utilisés pour les plafonds et non pas pour les sols. Ils étaient placés entre les chevrons pour soutenir le sol de l'étage supérieur, tout en assurant la finition du plafond; ils étaient donc souvent recouverts de peinture sur une face (voir photographie ci-dessous).
Ils portent souvent les traces des doigts des artisans qui les ont façonnés ainsi que les empreintes des pattes des animaux de ferme qui les ont piétinés pendant le séchage.
Je fais souvent poser ces vieux feuillets au sol à l'intérieur et à l'extérieur en les liant avec des joints à la chaux blanche. Je les fais traiter avec des résines modernes pour améliorer leur protection et leur entretien.

Left: an original ceiling with feuillets in place
Right: antique tiles with finger and paw marks, some bearing traces of paint

A gauche: un plafond d'origine avec des feuillets toujours en place
A droite: tuiles anciennes avec des empreintes. Plusieurs portent encore des traces de peinture

Ironwork
Ferronnerie

Ironwork was used sparingly, and before the introduction of welding was made by hand forging and piercing. Although modern machinery has superceded these techniques, they are still practised, and I have my metalwork made in the same simple, rustic style.

Autrefois, on utilisait la ferronnerie avec des formes simples, renflées à la forge avec des techniques d'écrasement et de percement, plutôt que des soudures. Maintenant les ferronniers se servent de machines modernes mais les vieilles techniques existent toujours. Bien évidemment, je choisis des artisans qui savent travailler le fer à l'ancienne.

Joinery
Menuiserie

On my arrival in 1966, spotting the simplicity of the old joinery of the region, I set about trying to recreate it. Fortunately, the artisan carpenter is still to be found working in Provence, and can produce the same plain but functional finishes.
I also recover and reuse old joinery.

En arrivant en 1966, j'ai admiré la simplicité de l'ancienne menuiserie et je me suis efforcé de la recréer. Heureusement, l'artisan menuisier existe toujours et reproduit pour moi les mêmes finitions simples et fonctionnelles qu'autrefois.
Je récupère également des portes et des boiseries anciennes.

Cupboards
Placards

For practical reasons the built-in cupboard and the walk-in wardrobe have largely replaced the old freestanding *armoire*.
Single doors to walk-in wardrobes and larders conserve wall space.

Les armoires servaient de rangement dans le passé, mais les placards, penderies et dressings encastrés les ont remplacées pour des raisons pratiques, tout en conservant l'espace mural.

Created with Collett Zarzycki
Créé avec Collett Zarzycki

Plaster
Plâtres

Old plaster has a subtle irregularity, which requires a special skill to reproduce without appearing to be contrived.
Cornices are not used – the junctions of walls and ceilings are squared off. Corners and edges are slightly rounded, and formed freehand.

Le plâtre ancien présente une légère irrégularité qui exige une adresse spéciale pour le reproduire. Les angles des plafonds sont droits sans moulure. Par contre, les angles des murs sont légèrement arrondis à la main.

The garden
Jardins

It may be argued that ideally, when a house is built, nature should not be disturbed, but in practice this is rarely feasible on all but the largest sites. It is often necessary to rearrange nature to accommodate the house.
Most sites in Provence were once olive groves, vineyards or meadows, and it is possible to integrate a garden harmoniously with these old surroundings

The creation of a garden. This involves as many considerations as the siting of the house (see page 11 *Siting and integration*).
A framework must be established before excavation commences. Integration of the house with the surroundings is of primary importance, and factors such as access, orientation, sun, shade, privacy, shelter and outlook must all be studied.

En théorie, la construction d'une maison ne devrait pas altérer la nature. Mais en pratique, ce n'est guère possible. Afin d'intégrer la maison au site, on doit souvent modifier l'environnement existant.
Si l'on veut vivre dans un champ, un vignoble ou une oliveraie, il faut faire quelques concessions pour créer un jardin qui s'associe avec l'environnement.

La création d'un jardin. Les principes à mettre en oeuvre sont aussi importants que la théorie d'intégration de la maison (voir page 11 *Implantation et intégration*). Les décisions préliminaires doivent être prises et les grandes lignes définies avant le terrassement principal. Il faut prévoir cette intégration en fonction du paysage, du voisinage et de la maison, et avoir l'oeil sur les accès, l'orientation, l'ensoleillement et la vue.

Upkeep and watering need to be addressed at an early stage. I try to limit areas which are work intensive and require frequent irrigation to the immediate surroundings of the house, leaving the perimeters of the garden in a more natural state. Lawns and flower-beds are brought in close to the house for their cooling effect, with paths, wild grasses, field flowers and hardier plants, such as lentisk, broom, cystus, lavender, thyme and rosemary beyond. Olives, which should not be over watered, are more suitable for the background, but cypresses will flourish in all situations. Oleanders are also good all-rounders but can become overgrown and obtrusive, and will cease flowering when cut back. The occasional mimosa, though not native, is a welcome herald of spring.

Flower beds. Suitable for beds are perennials such as santolina, white convolvulus, dwarf pittosporum, agapanthas and irises.
Rather than creating a dominating "riot of colour", I prefer to establish points, such as a red geranium in an old olive jar, an approach that I learnt from my friend Jean Mus, landscape architect.

Entretien et arrosage. J'essaie de limiter l'entretien et l'arrosage aux abords de la maison et de garder un aspect naturel aux zones plus éloignées. Les pelouses et parterres sont implantés à proximité de la maison pour la fraîcheur qu'ils apportent. Les plantes plus résistantes comme les lentisques, les genêts, les cystes, les lavandes, le thym, le romarin sont utilisées à l'arrière plan, avec des oliviers. Ces arbres n'exigent pas un arrosage fréquent. Les cyprès s'accommodent de toutes les situations. Les lauriers-roses sont également des arbustes "tout-terrain", mais ils grandissent vite et peuvent cacher une belle vue (s'ils sont taillés, ils ne fleurissent plus). Le mimosa, sans être une essence méditerranéenne, annonce joyeusement l'approche du printemps.

Parterres. Vous pouvez créer des parterres avec des plantes vivaces: santolines, convolvulus blancs, pittosporums nains, agapanthes et iris. Au lieu d'une explosion de couleurs, placez des "points" qui attirent le regard sans l'agresser. Par exemple, un seul géranium rouge dans une vieille jarre. C'est mon ami Jean Mus, architecte-paysagiste qui m'a appris cette astuce.

Dry stone walls can be topped with trailing rosemary, wisteria and dimorphotheca, and with climbers such as roses, trumpet creeper and honeysuckle. Vitadenia and plumbago will spread over seats, low walls, steps and paving.

Climbing plants. Climbing fig, jasmin, creepers and the fragrant evergreen rhinocospernum will all be happy on house walls.

Citrus trees. Orange and lemon trees, planted in olive jars, can be moved closer to the shelter of the house in winter, and so avoid the need for unsightly frost protection. The crimson bougainvillea is hardier than the pink, but both are sensitive to frost, and are better confined to coastal areas. Palm trees are not naturally suited to the provençal garden, but may be appropriate in some pool areas. Lavender, which dislikes sprinklers and attracts wasps, should not be planted close to a lawn or pool.

Ground cover is a convenient treatment for banks and other areas where access for maintenance is difficult. Periwinkle is popular, and strawberries an interesting alternative. Woodland ivy is easy to establish, and often arrives of its own accord.

Murets. Sur les murets en pierres sèches, faites retomber des romarins, des glycines et des dimorphotecas, et au pied des murets, plantez des rosiers grimpants, des bignonias ou des chèvrefeuilles. Habillez les banquettes, murets bas, marches et allées avec des vitadenia, agathea et plumbago.

Plantes grimpantes. Faites grimper le ficus repens (figuier mural), tous les lierres, les jasmins, et le rhinocospernum (persistant et odorant) sur les façades de la maison.

Agrumes. On peut planter orangers et citronniers dans des jarres anciennes que l'on rapproche de la maison en hiver pour les protéger du gel et éviter des paillages peu esthétiques. Le bougainvillée violet est plus résistant que le rose, mais les deux sont sensibles au gel et plutôt réservés au bord de mer. Les palmiers ne conviennent pas idéalement à un jardin provençal mais ils apportent une note tropicale au bord d'une piscine.
La lavande ne doit pas être plantée trop près d'une pelouse ou d'une piscine, car elle préfère un terrain sec et attire les guêpes.

Couvre-sols. Des coins d'entretien difficile comme les talus sont facilement aménagés avec le lierre des bois, qui de toute façon, se réapproprie tout. Autres couvre-sols: la pervenche et même les fraisiers.

Lawns. The base for a lawn requires scrupulous care in levelling, consolidation, soil composition, the elimination of wild grasses and precautions against the rot and disease which trouble turf in this climate.
A good quality turf provides an instant lawn, and avoids the risk of rain damage to seed which has not yet taken root.

Hedges, screens and windbreaks can be created with cypresses, photinias, bay laurels and pittosporum – the last two are particularly suitable in shade. The tall and fast growing leylandii should only be used when urgent screening is needed.
If there is space for an orchard, apricots, almonds, cherries or figs will flourish in this part of the world.

Drainage. The familiar terraces of Provence were built to counter the effect of heavy rain, which can wash away banks and sloping lawns. Open channels should therefore be used for surface water drainage in preference to pipes, which tend to block.

Pelouses. Les pelouses nécessitent une bonne préparation, avec de la terre sableuse. Soyez attentif au nivellement, consolidez-le, et veillez à l'élimination et à la prévention de mauvaises herbes. La pelouse en plaques de bonne qualité est facilement disponible et procure un gain de temps. Elle limite aussi les risques des dégâts causés par les eaux et les animaux domestiques aux gazons ensemencés. J'utilise des moyens simples et peu onéreux pour éviter les maladies et pourritures communes à la région.

Haies. Vous pouvez créer des haies, des écrans coupe-vent avec des cyprès, des photinias, des lauriers aromatiques, des pittosporums (ces deux derniers se plaisent à l'ombre des arbres), mais n'utilisez les cyprès leylandii, de croissance rapide, qu'en arrière-plan où des écrans sont nécessaires.
S'il y a dc la place, plantez un verger avec des abricotiers, des amandiers, des cerisiers et des figuiers.

Drainage. Sachez qu'il peut pleuvoir extrêmement fort et que talus et pelouses en pente risquent d'être emportés, ce qui explique la construction de milliers de restanques depuis des siècles. Les eaux pluviales doivent s'évacuer par des caniveaux ouverts plutôt que par des voies canalisées, car les regards ont tendance à se boucher.

Nature reinvades
La nature reprend ses droits

Let nature reinvade – creepers on walls, border plants spilling onto paths and balconies, jasmine and bougainvillea over outbuildings.

Laissez la nature envahir les murs avec des lierres et des plantes retombantes sur les allées et les balcons.
L'invasion maîtrisée d'un pan de mur par un bougainvillée, un jasmin ou par un simple lierre adoucit l'architecture et cache les bâtiments utilitaires.

A terrace with an abundance of flowering plants created with Jean Mus and Collett Zarzycki
Une terrasse débordante de plantes créé avec Jean Mus et Collett Zarzycki

Above right:
ficus repens (fig family) around window and bell-push
Below right:
a Juliet balcony invaded by trumpet creeper

A droite en haut:
ficus rampant autour d'une fenêtre et d'une sonnette
A droite en bas:
un balcon comme celui de Juliette est envahi par des campsis (bignonia)

Barriers
Barrières

A wall, railing or hedge can often interrupt a perfect landscape. Barriers are often inevitable for reasons of safety and security, but can be set below a bank, concealed by planting, or replaced by flower beds and rockeries. The ha-ha, or sunken wall, is an old and useful trick.

Un mur, une rampe ou une haie représentent une barrière visuelle qui gâche parfois le paysage. Ces ouvrages sont quelquefois inévitables, mais on peut les cacher par un talus ou des plantes, ou encore les remplacer par des jardinières et des rocailles. Le saut-de-loup (mur en contrebas) est une vieille astuce.

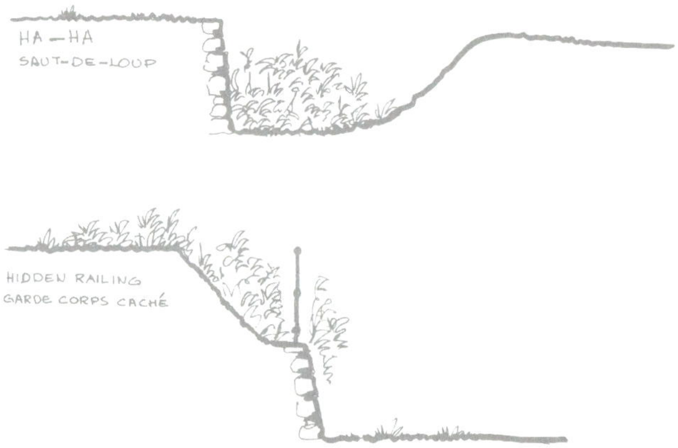

Drawings: concealed rails and a ha-ha
Dessins: garde-corps dissimulés et saut-de-loup

Two examples of the absence of barriers
Deux exemples d'une absence de barrière

Outdoor living
La vie en plein air

Outdoor living is an inseparable part of provençal life. A few simple features can add to the pleasure – a covered summer dining area, closed on at least two sides and with heating for cooler evenings; a spot sheltered from the wind, to which a table can be moved for sunny lunches, and seating in areas of the garden within easy reach of the house.

La vie en plein air fait partie de l'art de vivre en Provence. Quelques détails peuvent contribuer au bien-être. Par exemple, un endroit abrité où l'on installe une table pour un déjeuner ensoleillé, une salle à manger d'été couverte et fermée sur au moins deux côtés, avec un système de chauffage pour les soirées fraîches et plusieurs endroits où l'on peut s'asseoir.

Left: a seat in the evening
A gauche: une banquette le soir

Outdoor living
La vie en plein air

The sunny lunch
Déjeuners au soleil

The sunny lunch is a unique pleasure. It requires a spot sheltered from winds and draughts, in full sun throughout the afternoon and within easy reach of the house.
Shade should be available nearby for those who prefer it – perhaps full shade from an overhanging roof, or dappled sunlight with a sunshade to hand.

Un déjeuner au soleil est un plaisir unique. Choisissez un endroit abrité des vents et des courants d'air, assez proche de la maison pour être pratique, et dégagé pour profiter de l'ensoleillement tout l'après-midi. Prévoyez un peu d'ombre (l'auvent est idéal à cet effet) et gardez un parasol à portée de la main.

The barbecue
Barbecues

Much personal experience of outdoor cooking has helped me perfect my version of the barbecue.

The griddles are set in a deep counter, tiled to match the floor. A wood fire provides embers for cooking and ash for controlling the heat of the griddle. It also draws off smoke, creates atmosphere and provides warmth. Hooks are set in front of the fire from which to swing a leg of lamb – *gigot à la ficelle*.

Flares, tile lights and candles give soft lighting. A roof keeps out the evening dew and contains the warmth. Underfloor heating can enable the barbecue to be used for most of the year (see page 111 *Outdoor living*).

J'ai acquis une certaine expérience en faisant la cuisine en plein air, ce qui m'a conduit à perfectionner ma version du barbecue.
Les grilles sont encastrées dans un comptoir large et profond et des crochets sont placés pour faire tourner le gigot à la ficelle.
Le feu de bois crée une ambiance, fournit les braises pour la grillade tout en aspirant la fumée. Les cendres servent à contrôler la chaleur.
Le toit protège de la rosée du soir et garde la chaleur.
Des flambeaux et le chauffage au sol permettent de profiter du barbecue presque toute l'année (voir page 111 *La vie en plein air*).

Right: barbecue and fireplace.
A droite: barbecue et cheminée.

The bar
Bars

A simple, low counter serves to hide bottles, fridge and sink.

Un comptoir simple et bas sert à cacher les bouteilles, le réfrigérateur et un petit évier.

Balconies
Balcons

Balconies have long been a feature of the narrow streets of the villages of Provence, where they give a room much needed air, sun and space.
They extend upstairs rooms and enable one to throw open full-length windows in the morning.
Balconies may be of the traditional overhanging pattern, recessed into the surrounding roof, or set to lead onto another level of the garden.

Les balcons font partie des maisons des villages provençaux, où ils ajoutent air, espace et lumière et prolongent les chambres. Le matin, il est agréable d'ouvrir les portes-fenêtres du balcon.
Vous pouvez encastrer les balcons dans les toits attenants, les suspendre ou les placer pour permettre d'accéder à un autre niveau du jardin.

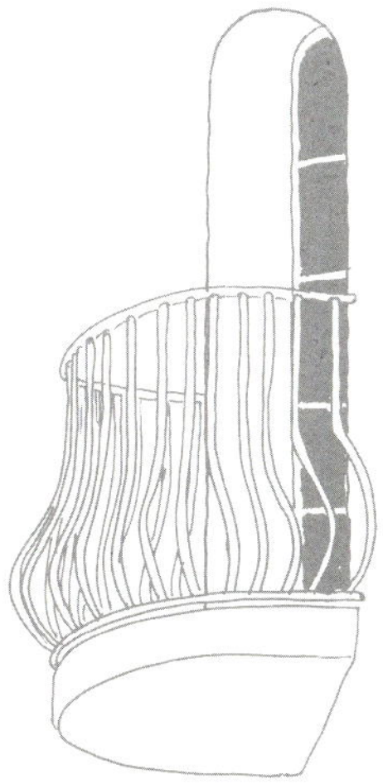

Atmosphere Ambiance

The key to creating atmosphere is subtle, indirect lighting. Inside- candlelight, plaster sconces, and table lamps casting shadows; outside- wall lights behind antique tiles, gas flambeaus, discreet pool and garden illumination.

La clé pour créer une ambiance accueillante et chaleureuse se trouve dans l'éclairage indirect. Utilisez des lumières traditionnelles et variées: bougies, flambeaux, vasques en plâtre ou en forme de tuile et des lampes qui projettent des ombres intéressantes. L'éclairage des jardins et piscines doit rester discret.

Right and next page: created with Collett Zarzycki
A droite et page suivante: créé Collett Zarzycki

Atmosphere created by torches, old tile lights and candles

Ambiance créée par des flambeaux, des bougies et un éclairage indirect

More concepts
Conception - suite

Thicknesses
Murs épais

In the past, walls constructed with traditional materials – stone and lime mortar – needed to be thick. In modern construction, which is stronger, stone can be backed with reinforced concrete and insulation to give a relatively slender wall. However, the old sense of solidity can be recreated by increasing the thickness of the stonework towards the base – this space being recovered by recessing cupboards and shelving into walls.
Likewise, thick internal walls and flattened arches can be used in place of the thin partition, without loss of space.

L'épaisseur des murs anciens s'explique par l'utilisation de matériaux traditionnels comme les pierres et les mortiers à la chaux. Aujourd'hui, la pierre, consolidée avec du béton armé, est moins épaisse, plus solide et mieux isolante. Cependant, les vieilles sensations de solidité se retrouvent si l'on augmente l'épaisseur des pierres vers la base, *le fruit*, cet espace pouvant être récupéré si l'on intègre des éléments à l'intérieur. De la même façon, des refends épais et des arches en anse de panier peuvent remplacer une cloison sans perte de place.

Simplicity and understatement *Simplicité*

I believe that the scarce resources of the Provence of the past account for the uncluttered sparseness of the style.
To my mind, a building should speak for itself without the distraction of unnecessary ornamentation. The structure of the provençal house is simple, and should be apparent in the building.
The simple and rational solution, rather than the artistic, usually proves to be the best, and rewards the search for authenticity.
The handling of proportions, spaces and openings should convey the architect's intentions clearly and truthfully. This is achieved by understatement rather than by over-emphasis, by the subtle rather than the obvious, and by the modest rather than the pretentious.
What is simple and functional is usually pleasing to the eye.

Je crois que les faibles moyens des familles provençales expliquent historiquement l'utilisation parcimonieuse du mobilier et donc un intérieur souvent dépouillé.
Par nécessité, les solutions évidentes étaient toujours retenues.
Je pense qu'une maison devrait parler d'elle-même sans avoir recours à l'ornementation. Ce qui est simple et fonctionnel est en général esthétique. La gestion de l'espace, des volumes et des ouvertures traduit les principes de l'architecte avec clarté et honnêteté.

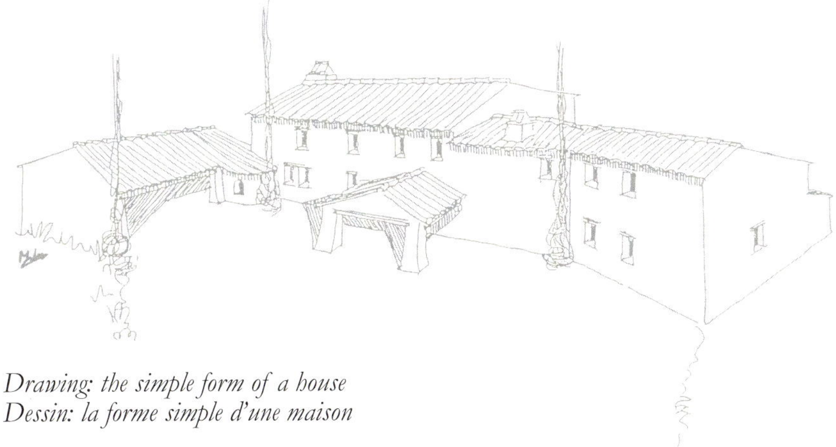

Drawing: the simple form of a house
Dessin: la forme simple d'une maison

Above: an overhanging roof
Right: a door and shady bench
Below: outside a bedroom

En haut: un auvent
A droite: une porte et un banc à l'ombre
En bas: a l'extérieur d'une chambre

Asymmetry
Asymétrie

In contrast to the classical tradition, the provençal style was not ruled by symmetry. Families lived together, and as they grew the house was extended here and there to accommodate them. The result is an agreeable irregularity and informality.

En matière d'architecture, la recherche de la symétrie n'existe pas en Provence. Les familles habitaient ensemble et agrandissaient la demeure familiale en fonction du nombre de personnes. Le résultat est un charmant désordre et une expression d'informalité.

Ceiling heights
Plafonds

Subject to structural considerations, the height of a room should be proportional to its size.
Rooms immediately under a roof offer scope for pitched or mansard ceilings, which add interest and volume.

Les dimensions des pièces déterminent la hauteur des plafonds. Toutefois, pour des besoins de construction, vous n'avez pas de liberté totale sur ce point.
S'il n'y a pas d'étage au-dessus de certaines pièces, vous pouvez créer des plafonds rampants et mansardés, ce qui ajoute de l'interêt au volume.

Stairs
Escaliers

Stairs should widen at the foot and invite one to climb them, especially if they wind and the top step is temptingly out of sight.
For easy going, the rise of the step should decrease in proportion to the depth of the tread. The formula which has evolved is that the sum of the tread, plus twice the rise, should be between 63 and 64 cm.
Landings should be generous and corridors short.

Les escaliers devraient vous donner envie de monter. Ils sont plus pratiques s'ils sont plus larges en bas et qu'ils tournent en montant.
Afin d'éviter des faux pas, la hauteur des marches se réduit en fonction de leur longueur. On a calculé une formule idéale:
le giron (longueur de la marche), ajouté à deux fois la hauteur de la contremarche, doit être compris entre 63 et 64 centimètres.
Les chambres sont mieux desservies par des paliers généreux ou des petits couloirs.

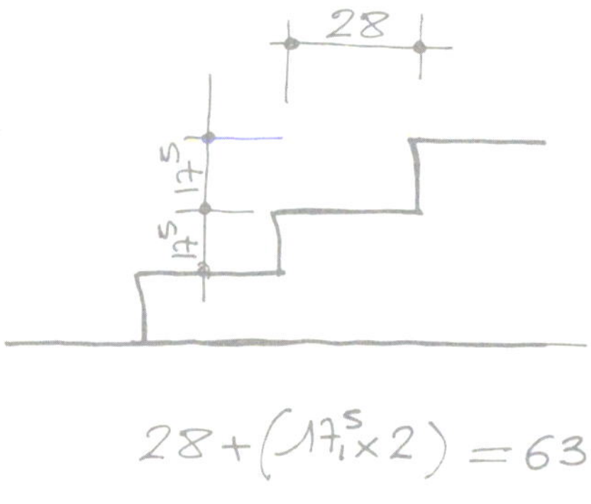

Illustration of the relation of tread to rise

Un croquis montrant les proportions des marches

Staircase with antique tiles, hardwood nosing and wrought iron handrail
Escaliers en vieux feuillets et main courante en fer forgé

Outside steps
Marches extérieures

Outside steps should be shallower than inside stairs, with a rise of no more than 13-15 cm. Steps in gardens can be especially attractive and inviting, but they remain a obstacle, and should be created only if necessary, and not purely for effect.

A l'extérieur, les marches sont moins raides qu'à l'intérieur. Les contremarches ne devraient pas dépasser 13-15 cm. Dans un jardin, les marches sont attrayantes mais elles constituent un obstacle. Construisez-les par nécessité plus que par raison esthétique.

Above left: old stone stairs, with pittosporum boule
Below left: outside steps with wrought iron rail
Below and opposite: garden steps

A gauche en haut: escalier en pierre de récupération, avec pittosporum en boule
A gauche en bas: escalier extérieur avec garde-corps en fer forgé
En bas et ci-contre: escalier de jardin

The kitchen
La cuisine

The kitchen, always the hub of a provençal house, is increasingly becoming the focal point of modern living.
The open plan kitchen and dining room, separated by a counter, allow a hostess to prepare a meal and to be together with her family and guests. If staff are cooking, the kitchen can be closed off with a folding partition.
Purpose-made kitchens, built by local craftsmen, allow for greater flexibility of design, are more aesthetically pleasing and are frequently no more expensive to install than standard fittings.

La cuisine était l'âme de la maison en Provence et le redevient avec la vie moderne.
Ouverte sur la salle à manger et séparée par un comptoir, elle permet à la maîtresse de maison de préparer un repas tout en participant à la vie familiale et en s'occupant de ses invités. Si les repas sont préparés par un cuisinier, une cloison accordéon peut être envisagée.
Les cuisines construites par des artisans permettent une meilleure flexibilité de construction, dégagent une meilleure ambiance, et ne coûtent pas plus cher que les cuisines préfabriquées.

A kitchen and dining room
Drawing: an open kitchen with counter

Une cuisine avec sa salle-à-manger
Dessin: une cuisine avec comptoir

A separate kitchen opening onto the garden
Une cuisine séparée ouvrant sur le jardin

A family kitchen – eating indoors and outdoors
Déjeuners à l'intérieur et à l'extérieur, à partir d'une cuisine familiale

Plaster shelving
Opposite: a kitchen sink

Des étagères en plâtre
Ci-contre: un évier

MARIE BONAPARTE

Bedrooms
Chambres

Bedrooms should be placed on the south, or onto a view, with bathrooms in secondary positions. There are many theories for the best positioning of beds.
Security should be good. Soundproofing is important, especially with terra cotta floors.
Bedrooms at garden level will appeal to those with a taste for starting the day with a plunge in the pool. Those who prefer their bedrooms upstairs can have the benefit of a private balcony.

Les chambres devraient se trouver au sud ou profiter d'une belle vue. Leur salle de bains se situe à l'arrière. Il y a beaucoup de thèses sur la position idéale d'un lit. La sécurité est essentielle mais les fermetures ne doivent pas gêner l'aération. L'insonorisation est importante surtout avec des sols en terre cuite. Une chambre au niveau du jardin est idéale pour ceux qui aiment commencer la journée avec un plongeon dans la piscine. Ceux qui préfèrent une chambre à l'étage profiteront d'un balcon privé.

Bathrooms
Salles de bains

Ideally a bathroom should be en suite with its bedroom. Soundproofing must be faultless, and bathrooms should not be placed above reception rooms.
If you have the opportunity of situating a bath with a private outlook, lower the window sill and enjoy bathing with a view.

La salle de bains est conçue en prolongement logique de la chambre à coucher. Une insonorisation parfaite est indispensable, il vaut donc mieux la situer ailleurs qu'au-dessus des pièces de réception. Construisez la fenêtre au ras de la baignoire si la salle de bains s'ouvre sur une vue.

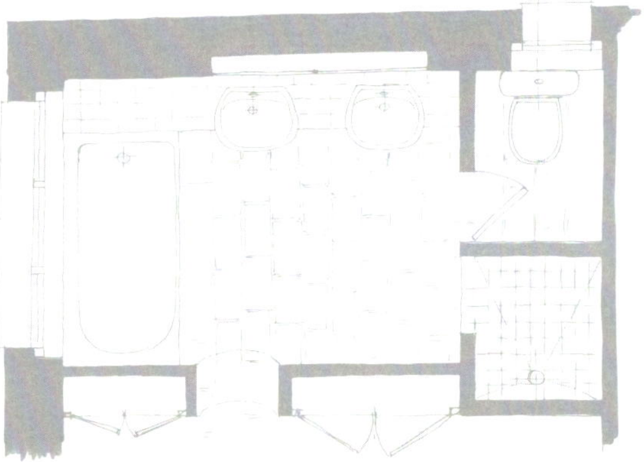

Drawing: a bathroom plan
Below: hand-made tiles
Right: a low-sill in a bathroom

Dessin: un plan de salle de bains
En bas: carreaux faits mains
A droite: baignoire avec allège basse

Garden shower
Douche dans le jardin

An elevation
Une façade

Old beams
vieilles poutres

Old floor tiles or feuillets
Vieux feuillets

lavender
lavande

roof tiles
tuiles

mortar
mortier

house walls
enduit de façades

olive trees
oliviers

The colours of Provence
Couleurs de Provence

Over time the combination of strong sunlight and the natural oxides in traditional paints and rendering causes pigments to fade and wash out. This and the surrounding nature – the Mediterranean, the sun, the earth, the olives, the dried grass and lavender give this region its famous colours.

Les couleurs de la mer, de la terre, des oliviers, de l'herbe séchée et de la lavande donnent à cette région ses couleurs distinctives. Avec le temps, la lumière forte du soleil décolore les pigments naturels des peintures et enduits traditionnels. Retrouvez les tonalités chaudes des ocres et les peintures délavées par le temps.

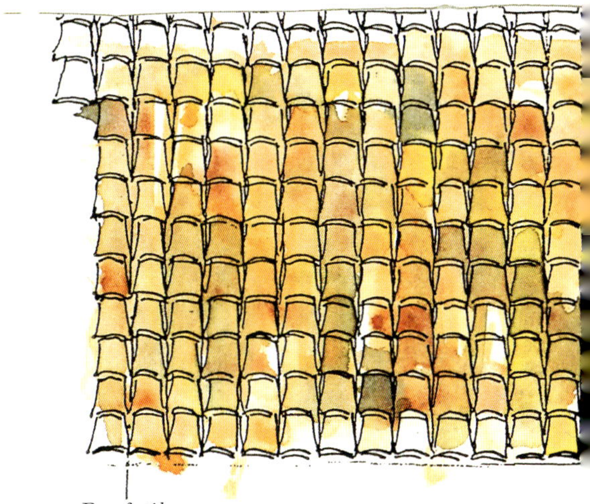

Roof tiles
Tuiles

dried grass / *herbe sèche* — *roof tiles* / *tuiles* — *house walls* / *enduit de façades* — *grass* / *herbe* — *sun* / *soleil* — *sea* / *mer*

Lime wash paint
Peintures à la chaux

Lime possesses many advantages over modern paints – it has the flexibility to resist cracking, it allows the materials it covers to breathe and has a natural and warm texture.

La chaux a plusieurs avantages sur les produits modernes. Sa souplesse résiste aux fissures, permet aux matériaux qu'elle couvre de respirer et garde une texture naturelle et chaleureuse.

Fireplaces
Cheminées

Provençal fireplace surrounds were of a simple design, and made economically in plaster rather than in stone. Even if not used, they provide a focal point in a room, but should not dominate it.

Les cheminées en Provence étaient simples et construites en plâtre plutôt qu'en pierre. Même en été, quand elles ne fonctionnent pas, elles contribuent à créer une bonne ambiance sans dominer la pièce.

Shelves, recesses and bedheads Etagères, niches et têtes de lit

The informal architecture of Provence lends itself well to built-in furniture. Balustrades, shelves, recesses, bedheads, side tables, and sconces for indirect lighting can all be formed in plaster.

L'architecture décontractée de Provence permet d'intégrer des meubles en plâtre de forme libre. Etagères, niches, têtes de lit et appliques en plâtre pour l'éclairage indirect tirent parti du moindre recoin.

PICTIONARY
PROVENCE
IDEES
CULTURES, LIEUX
STYLE
BEAUTE, VIE, MAISON
habitat
SPECIAL CINEMA

Vladimir Volkoff
DYNASTIC CHINA
CHAMPOLLION
NICOLAS II
Slavko KOPAC
ART MILLENAIRE DES AMERIQUES

Simple technology
Technologie simple

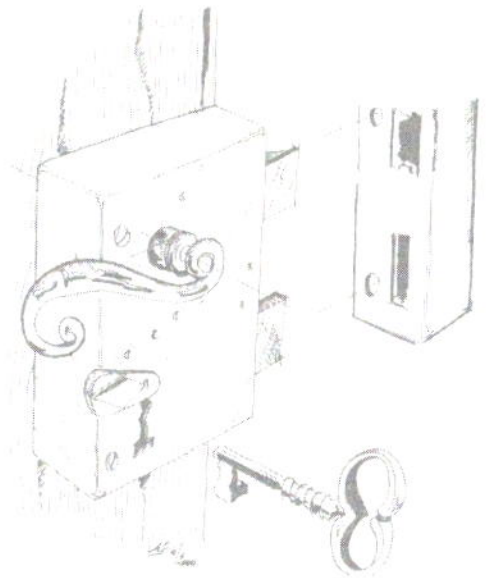

In the old days the need for economy was reflected in the simple technology of fittings such as joinery, latches, hinges, handles and other mechanical items, all of which can be used today.
Equipment such as sound systems, loudspeakers, television sets and air conditioners can all be concealed in cupboards, behind terra cotta grilles, and built into furniture. Similarly, drainage and lighting can be hidden away in the garden.

Le principe de simplicité utilisé de nos jours vient tout droit de l'art de vivre provençal et s'applique à la menuiserie, à la serrurerie et à toutes les installations.
L'équipement moderne tel que les stéréos, les haut-parleurs, les téléviseurs et les climatiseurs se dissimule avec des placards, des grilles en terre cuite et des caches en pierre.

Concealed garage
Right: simple grilles hiding equipment

Un garage
A droite: simples grilles cachant l'équipement technique

Security
Sécurité

Nowadays there can be little peace of mind without security. Every opening should be fitted with contacts and sturdy locks. Because of the inadequacies of traditional shutters, I developed concealed shutters which roll up into recesses in old timber lintels. With a single control the whole house can be secured, whilst windows and traditional shutters may be left open.

Nous ne pouvons plus vivre sans système de sécurité. Chaque ouverture doit avoir une serrure solide. Le volet traditionnel n'offre plus de protection adéquate. Pour résoudre ce problème, j'ai conçu des volets cachés dans un vieux linteau creux qui fonctionnent sur commande centralisée. Ces volets et les grilles en ferronnerie sont reliés à une alarme. En toute sécurité, on peut fermer la maison et laisser ouverts fenêtres et volets traditionnels.

Concealed rolling-shutters
Volets roulants

Swimming pools
Piscines

Swimming pools are conspicuous, but can be integrated into the provençal landscape. The following pages illustrate a number of approaches.
Blue is now giving way to greens, greys, and sandy colours, which contrast less with the setting.

La piscine est un élément étranger au paysage provençal. Les pages suivantes illustrent divers exemples de son intégration à l'environnement.
La couleur bleue n'est plus de rigueur. Les verts ont un effet calmant. La couleur sable donne un aspect de plage. Les teintes foncées transforment une piscine en bassin-miroir.

A hot-tub beside water falling into a pond
Un spa à côté d'une cascade

Left: a waterfall and a hot tub. Above: an overflow pool. Below: a mirror pool.
A gauche: une cascade et un spa. En haut: une piscine à débordement. En bas: une piscine-miroir.

A pool with hidden built-in cover at the far end (created with Collett Zarzycki, London)
Une piscine avec couverture intégrée tout au bout (créé avec Collett Zarzycki, Londres)

Above left: A woodland pool
Below left: A winter mirror pool
Right: a hot tub beside water cascading into a pool
Far right: pools with waterfall, mirror edge and loungers

A gauche a haut: une piscine dans les bois
A gauche en bas: une piscine intérieure à effet de miroir
A droite: un spa à côte d'une cascade
Au fond à droite: piscines avec cascade, avec margelle immergée et avec deux chaises longues

Left: an overflow pool
Above: a pool side
Below: an integrated pool

A gauche: une piscine à débordement
En haut: une plage de piscine
En bas: une piscine intégrée au paysage

Tennis courts
Courts de tennis

The standard dimensions of a court are 36m by 18m, but may be reduced to 35m by 17m, and the corners cut by 3m on the long sides and 2m on the short sides.
A flat area of this size is unsightly, but it can be sunk below ground level and screened with banks, rocks and planting.

Les dimensions d'un court, en général de 36 par 18 mètres, peuvent être réduites d'un mètre. Les coins peuvent être coupés.
Il faut s'employer à dissimuler ces courts. Tous les moyens sont bons: surbaissement, talus, rocailles et végétation en abondance. Eloignez-les autant que possible de l'habitation principale.

Above left: a hidden tennis court with a ruined sheepfold as an observation platform

A gauche en haut: un tennis caché au pied d'une bergerie en ruine qui sert de poste d'observation

Entertaining
Recevoir

The following menus and their recipes are some of our favourites, and I hope that my readers will enjoy trying them out for themselves.

Les menus qui suivent accompagnés de leurs recettes sont parmi nos favoris. J'espère que mes lecteurs auront plaisir à les reproduire eux-mêmes.

Menus

Dinner in the Barbecue:

Salad of wild mushrooms and tarragon

Leg of lamb on a string, courgettes with cheese, roasted fresh garlic and provençal tomatoes

Plum tart with sloe gin

Sunny lunch:

Raw vegetables (*crudités*) served with lucky finds from the market

Fish fillets cooked in mustard sauce

Cheese board with home-made bread

L'Art du Barbecue:

Salade de champignons sauvages à l'estragon

Gigot à la ficelle avec gratin de courgettes, ail frais rôti et tomates provençales

Tarte aux prunes et à l'alcool de prunelle

Déjeuner au soleil:

Crudités avec les trouvailles du marché

Filets de poisson à la moutarde

Plateau de fromages et pain fait maison

Recipes
Recettes

All the recipes are for 6 people.
Toutes les recettes sont pour 6 personnes.

Dinner in the Barbecue:
Salad: one large lettuce, 500 grams of wild mushrooms, 3 hard-boiled eggs, 2 twigs of fresh tarragon.
Dressing: 2 dcl. (cups) of virgin olive oil, 2 tablespoons of Dijon mustard, a little water.
Line the salad bowl with a thick layer of crisp lettuce leaves, slice the mushrooms thinly and arrange on the lettuce, chop the eggs finely and mix with the mushrooms, add the dressing and decorate with fresh tarragon and lettuce hearts.

L'Art du Barbecue:
Salade: une belle laitue, 500 grs de champignons sauvages, 3 oeufs durs, 2 brins d'estragon frais.
Assaisonnement: 2 dcl d'huile d'olive vierge, 2 cuillerées à soupe de moutarde de Dijon, un peu d'eau.
Tapisser le saladier d'une couche épaisse de feuilles de laitue croquantes, émincer les champignons et les disposer sur la laitue, hâcher finement les oeufs et les mélanger aux champignons, ajouter l'assaisonnement et décorer avec l'estragon frais et les coeurs de laitue.

Salad of wild mushrooms and tarragon
Salade de champignons sauvages à l'estragon

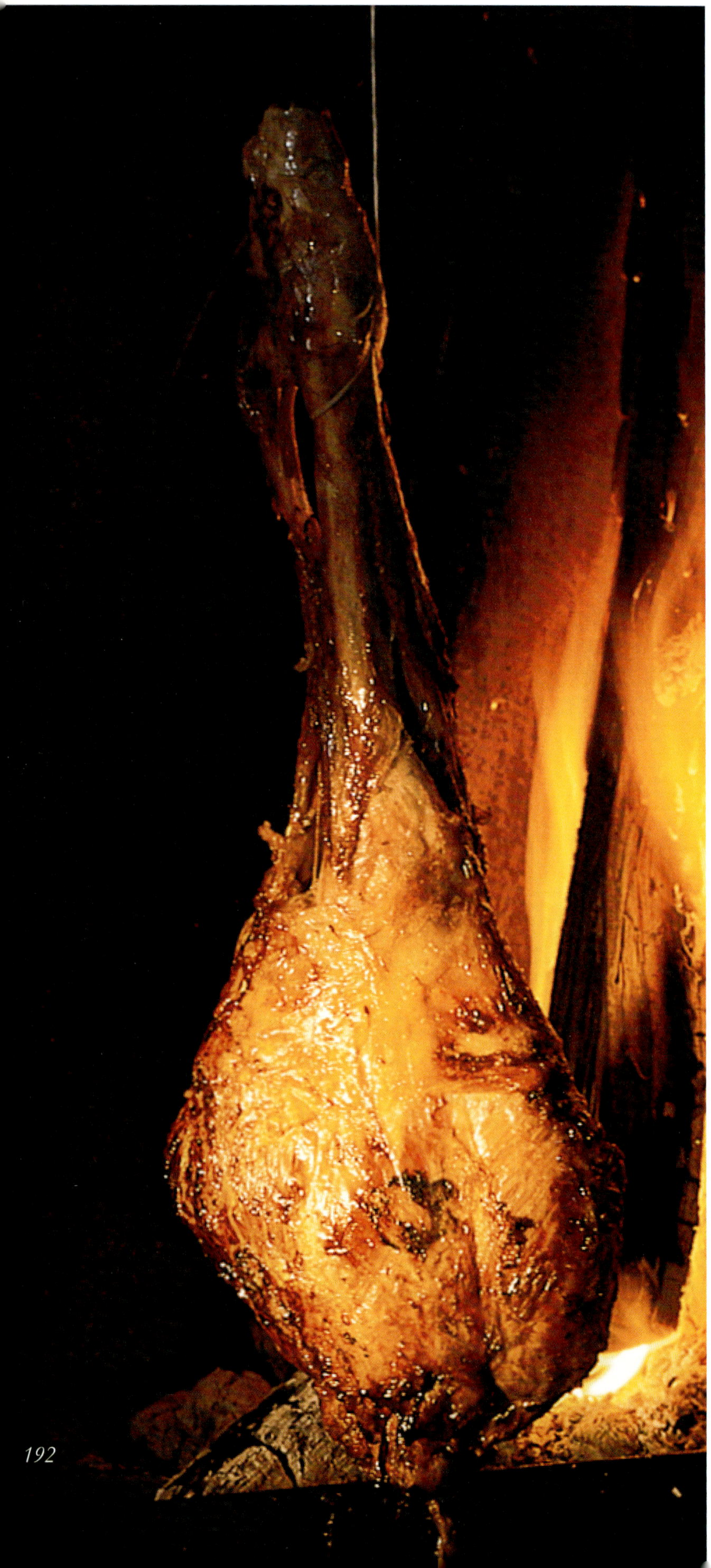

Leg of lamb on a string:
Buy a leg of lamb with the knuckle uncut, and ask for two metres of thin butcher's string. Lay a good fire at the back of the barbecue without lighting it. Tie two strands of the string to the knuckle and loop round the hook above, so that the leg can spin one inch above a fat gathering pan. Protect the string with an envelope of foil, crimped onto the knuckle, so that it turns with the leg without touching the hook or the string. Envelop the leg with foil, light the fire and remove the foil when your guests arrive. Spin with a fork in front of the fire for 45 minutes.

Courgettes with cheese:
1 kg courgettes without seeds, 2 small goats' cheeses (*crottins*).
Cut the courgettes into 2 cm slices, parboil, arrange in a ceramic terra cotta oven dish, cover with grated goat cheese. Cook for 20 minutes in the oven at 200°C.

Roasted fresh garlic:
1 kg of fresh green garden picked garlic, olive oil.
Cut each whole garlic into 6 to 8 parts depending on size, sprinkle liberally with olive oil and roast in the oven at 200°C for about half an hour or until golden.

Provençal tomatoes:
6 big ripe tomatoes, olive oil, herbes de Provence.
Cut the tomatoes in half, place in the oven dish and sprinkle them with olive oil and French herbs. Cook in the oven at 200°C for about an hour.

Fresh roasted garlic
L'ail nouveau rôti

Courgettes with cheese Gratin de courgettes

Gigot à la ficelle:
Acheter un gigot d'agneau avec le manche intact, et demander au boucher 2 mètres de ficelle fine. Disposer du bois au fond du barbecue pour faire un feu copieux, sans l'allumer. Attacher deux longueurs de ficelle au manche et faire une boucle autour du crochet à gigot de façon à ce que la viande puisse tourner à 2 centimètres du fond d'un réceptacle servant à recueillir la graisse. Protéger la ficelle avec un tube de papier aluminium qu'on enroule sur le manche de manière que le gigot puisse tourner sans que le papier touche la ficelle ni le crochet. Envelopper le gigot avec du papier aluminium, allumer le feu, et enlever le papier aluminium lors de l'arrivée de vos invités. Faire tourner avec une fourchette devant le feu pendant 45 minutes.

Gratin de courgettes:
1kg de courgettes sans pépins, 2 crottins secs de fromage de chèvre. Couper les courgettes en tranches de 2 cm, faire blanchir et disposer dans un plat à gratin, recouvrir avec le fromage que vous aurez préalablement râpé. Faire cuire 20 minutes dans le four à 200°.

Ail frais rôti:
1 kg d'ail nouveau du jardin, huile d'olive.
Découper les têtes en 6 à 8 morceaux suivant grosseur. Arroser généreusement d'huile d'olive et faire rôtir au four à 200°C pendant une demi-heure ou jusqu'à ce qu'elles soient dorées.

Tomates provençales:
6 grosses tomates mûres, huile d'olive, herbes de Provence.
Couper les tomates en deux, les placer dans un plat à four et les recouvrir d'huile d'olive et d'herbes de Provence. Faire cuire au four à 200° pendant une heure environ.

Plum tart:
1 kg of large ripe Victoria plums.
The pastry: 200 g of self-raising flour, 100 g of sugar, 100 g of butter, 2 egg yolks, 1 to 2 tablespoons of cold water (optional).
Put the flour into a mixing bowl, cut the butter into small pieces and mix quickly with the rest of the ingredients. Allow to rest in the refrigerator for 1 hour.
Line the tart dish with the pastry, cut the plums in half and arrange them on the pastry as close as possible with the cut side down. Cook in the oven at 200°C for 20 to 30 minutes until golden. Serve lukewarm with a liberal sprinkling of sloe gin.

Tarte aux prunes:
1 kg de grosses prunes mûres. Pâte: 200 g de farine pâtissière, 100 g de sucre, 100 g de beurre, 2 jaunes d'oeuf, 1 à 2 cuillerées à soupe d'eau froide (facultatif).
Placer la farine dans un bol mélangeur, ajouter le beurre découpé en petits morceaux et mélanger rapidement avec les autres ingrédients. Laisser reposer au réfrigérateur pendant une heure.
Garnir le plat avec la pâte, couper les prunes en deux et les disposer sur la pâte le plus serré possible, côté coupé vers le bas. Faire cuire au four à 200° pendant 20 à 30 minutes jusqu'à ce que la tarte soit dorée. Servir tiède, légèrement arrosé d'alcool de prunelle.

A plum tart with sloe gin
Une tarte aux prunes et à l'alcool de prunelle

Sunny lunch:
Raw vegetables *(crudités)*:
Take a big salad bowl, fill it with the most interesting market vegetables of the season, such as lettuce, fennel, leaf celery, spring onions, artichokes, radishes, carrots, tomatoes. Add some whole hard-boiled eggs. Serve with salad dressings, virgin olive oil, anchovy paste (*anchoiade*), olive paste (*tapenade*), mustard and balsamic vinegar. Each person makes their own selection. This can be supplemented by various inspirations from the market, such as a salami sausage, olives, pickled onions, paté de campagne and marinated sardines (*à l'escabèche*).

Fish:
A light fish dish is an alternative – fillet of fish with mustard. 6 fillets of cod or sea bass. Place the fillets in an oiled oven dish, mix 3 dcl (cups) of sour cream (*crême fraiche*) with 2 tablespoonfuls of Dijon mustard and cover the fillets. Cook in the oven at 200°C for 25 minutes and serve with steamed leaf spinach.

Déjeuner au soleil:
Crudités:
Remplir un grand saladier avec les légumes les plus intéressants de la saison, comme laitue, fenouil, céleri en branche, cébettes, artichauts, radis, carottes, tomates, et même quelques oeufs durs. Servir avec des assaisonnements, huile d'olive vierge, anchoïade, tapenade, moutarde et vinaigre balsamique. Chacun prépare son plat. On peut compléter avec les diverses trouvailles du marché, tels que des saucissons, des olives, des oignons au vinaigre, du pâté de campagne et des sardines à l'escabèche.

Poisson:
Un plat léger de poisson est une autre possibilité: Filets de poisson à la moutarde: Placer 6 filets de cabillaud ou de loup dans un plat à four huilé, mélanger 3 dcl de crème fraîche et 2 cuillerées à soupe de moutarde de Dijon et recouvrir les filets. Faire cuire au four à 200°C pendant 25 minutes et servir avec des épinards en branche.

Raw vegetables with dressings
Crudités avec assaisonnements

Cheese:
Round off with an inspired cheese board with grapes or figs and home-made bread. *(right)*

Home-made bread:
(for 4 loaves that freeze well)
1.5 kg of wholemeal flour, 3 cups of wheat grain, 2 cups of sesame seed, 2 cups of linseed, 50 g of yeast, 1 litre of buttermilk (*lait fermenté*) or half a litre of milk mixed with half a litre of yogurt, and 1 tablespoon of salt.
Put the wheat grains in a saucepan and cover with half a litre of water, boil for 5 minutes and leave to cool. Put in round mixing bowl, add the yeast, milk, salt, grains and mix with flour until a fairly firm dough is obtained. Rest for half an hour at room temperature. Put into 4 rectangular non-stick metal baking pans with a wooden spoon, leave to rise to full height and then put into a hot oven at 180°C for half an hour. Remove from the pans and allow the loaves to breathe.

Fromage:
Compléter le repas avec un plâteau de fromages bien garni, avec des raisins, des figues et du pain fait maison. *(à droite)*

Pain fait maison:
(pour 4 pains qu'on peut congeler)
1,5 kg de farine complète, 3 tasses de grains de blé, 2 tasses de graines de sésame, 2 tasses de graines de lin, 50 g de levure de boulanger, 1 litre de lait fermenté ou 1 demi-litre de lait mélangé à 1 demi-litre de yaourt, et une cuillerée à soupe de sel.
Placer les graines de blé dans une casserole avec un demi-litre d'eau. Faire bouillir pendant 5 minutes et laisser refroidir. Verser dans un bol mélangeur rond, ajouter la levure, le lait, le sel, et les graines, et mélanger avec la farine jusqu'à obtention d'une pâte pas trop ferme. Laisser reposer une demi-heure à température ambiante. Répartir dans 4 moules rectangulaires à revêtement non-adhésif avec une cuillère en bois, laisser lever complètement, puis placer dans un four chauffé à 180° pendant une demi-heure. Démouler et laisser les pains respirer.

Preparation of homemade bread
Préparation du pain fait maison

1997
1995
ECHIRE

English Index

Index Français

Acknowledgements

I would like to offer my most sincere thanks to the house owners who so generously opened their homes; to all those who have worked with me over the years; to those without whose help I could not have made this book; and to my wife Lone for giving me all her support and patience.

Robert Dallas

Remerciements

Je tiens à remercier tout particulièrement les propriètaires des maisons illustrées dans ce livre; tous ceux qui ont travaillé avec moi depuis des années; ceux sans qui je n'aurais pu écrire ce livre; et mon épouse pour son soutien et sa patience.

Robert Dallas

Photos by **Bent Rej**

Except pages/Sauf les pages: 11, 23(c,b), 47, 60(b), 67, 70(5), 73, 77(r), 78(t), 85, 86(b), 88, 89, 90(l), 91(t), 92(r), 93(r), 94(l), 97, 100, 101, 107(r), 123(r), 124, 128(l), 129(b), 133(r,c,b), 134/135, 136, 137, 152, 156, 159(t), 163, 170, 171(r), 177(b), 180, 181, 186(b), 187, 188 by **Alain Sauvan.**
t: top/en haut. c: centre. b: below/en bas. l: left/à gauche. r: right/à droite

Printed in Canada